BEI GRIN MACHT SICH IHR WISSEN BEZAHLT

- Wir veröffentlichen Ihre Hausarbeit, Bachelor- und Masterarbeit

- Ihr eigenes eBook und Buch - weltweit in allen wichtigen Shops

- Verdienen Sie an jedem Verkauf

Jetzt bei www.GRIN.com hochladen und kostenlos publizieren

Mareike Hachemer

Fremdsprachenassistenz: Erfahrungsbericht aus einer Upper School in Großbritannien

GRIN Verlag

Bibliografische Information der Deutschen Nationalbibliothek:

Die Deutsche Bibliothek verzeichnet diese Publikation in der Deutschen National-
bibliografie; detaillierte bibliografische Daten sind im Internet über http://dnb.d-
nb.de/ abrufbar.

Impressum:

Copyright © 2005 GRIN Verlag GmbH
Druck und Bindung: Books on Demand GmbH, Norderstedt Germany
ISBN: 978-3-656-24521-6

Dieses Buch bei GRIN:

http://www.grin.com/de/e-book/196410/fremdsprachenassistenz-erfahrungsbericht-
aus-einer-upper-school-in-grossbritannien

GRIN - Your knowledge has value

Der GRIN Verlag publiziert seit 1998 wissenschaftliche Arbeiten von Studenten, Hochschullehrern und anderen Akademikern als eBook und gedrucktes Buch. Die Verlagswebsite www.grin.com ist die ideale Plattform zur Veröffentlichung von Hausarbeiten, Abschlussarbeiten, wissenschaftlichen Aufsätzen, Dissertationen und Fachbüchern.

Besuchen Sie uns im Internet:

http://www.grin.com/

http://www.facebook.com/grincom

http://www.twitter.com/grin_com

Johannes Gutenberg-Universität Mainz
Pädagogisches Institut
Sommersemester 2005
Mittelseminar „Schulqualität, Schulentwicklung"

Fremdsprachen-Assistenz
Erfahrungsbericht aus einer Upper School in Großbritannien

31. Oktober

Mareike Hachemer

Lehramt an Gymnasien
Deutsch Englisch
5. Semester

Inhalt

0   Einleitung

Im Schuljahr 2007/2008 arbeitete ich als Fremdsprachenassistentin in England an einer Upper School. Da ich diese Schule dort kennen lernte und Aspekte der dortigen Zusammenarbeit erfuhr, werde ich diese in der folgenden Ausarbeitung darlegen. Am Beispiel der Schule werden einige Unterschiede zwischen dem englischen und dem deutschen Schulsystem deutlich. Auf der Homepage des Colleges finden sich die Prinzipien der Schule, die ich an dieser Stelle zitieren möchte.

Disziplin ist ein bedeutendes Standbein der Schule, zwei wichtige Maßnahmen um die Einhaltung der Verhaltensregeln zu gewährleisten, die Schuluniform und das „Ausgesprochene Disziplin System" werde ich vorstellen. Schließlich berichte ich über meine persönlichen pädagogischen Erfahrungen als Fremdsprachenassistentin und zeige damit zusätzlich zu den strukturellen einige der pädagogischen Unterschiede zu mir bekannten Schulen auf. Zuletzt werde ich darauf eingehen, wie mich die Fremdsprachenassistenz in meiner persönlichen und in meiner beruflichen Entwicklung beeinflusst hat.

1   Aufbau der Schule

Die Schule ist eine staatliche, gemischte Gesamtschule mit Oberstufe für Schüler im Alter von 13 bis 19 Jahren. Sie ist in einer ländlichen Umgebung gelegen. Aus dem Schulort und vielen umliegenden Dörfern und Kleinstädten kommen die Schüler, welche größtenteils zuvor eine von drei so genannten Middle Schools (für 10 bis 12-jährige Schüler) besucht haben. Mit 1600 Schülern ist die Schule größer als die meisten anderen Gesamtschulen mit Oberstufe. Die Schule betont, dass die Anzahl der Schüler, die Stipendien für kostenloses Schulessen in Anspruch nehmen, niedriger als der englandweite Durchschnitt ist, das heißt, dass nur ein geringer Anteil der Schüler aus finanziell sehr schwachen Elternhäusern kommt. Daraus schließt die Schulgemeinschaft auch auf einen solideren sozialen Hintergrund. 19,8 Prozent der Schüler werden als Schüler mit „Special Educational Needs" (besonderen pädagogischen Bedürfnissen – diese Schüler sind lern- und konzentrationsschwach, verhaltensauffällig oder auf andere Weise schwierig) eingestuft, was den Berichten der Lehrer zufolge dem Landesdurchschnitt entspricht. Zusätzlich zum Unterricht der 13- bis 19-Jährigen findet im Laufe des Tages und am Abend auch Erwachsenenbildung im Schulgebäude statt.

1.1 Struktur

Zur Zeit meines Aufenthaltes an der Schule wurden dort umfangreiche Baumaßnahmen vorgenommen. Dies, und die Tatsache, dass das College ohnehin auf mehrere Schulhöfe und viele Gebäude verteilt ist, bedingten, dass es kein gemeinschaftliches Lehrerzimmer für die ca. 200 Lehrer gab. Kleine Lehrerräume gab es in den einzelnen Abteilungen (Departments), wie zum Beispiel dem Erdkunde-Department, dem Sprachendepartment oder dem Kunstdepartment. Jedes einzelne Fach (darunter auch Theater und Hauswirtschaft) hat an dieser Schule seinen eigenen festgelegten Bereich, in den meisten Fällen in der Form von Klassenraumcontainern, zu dem die Schüler in den jeweiligen Stunden gehen. So gibt es zum Beispiel ein eigenes Gebäude in dem fast ausschließlich Sprachunterricht stattfindet. Am Modell dieses Departments erkläre ich, wie ein einzelnes Department aufgebaut ist:

1.1.1 Departments

Jedes Department hat einen Abteilungsleiter (Head of Department). Im Fall des Languages Department war dies Ms. H. Als Head of Department verdient sie ca. doppelt so viel wie ein einfacher Lehrer, entscheidet über Finanzen, Personal- und Organisationsfragen. Sie ist für das Lösen von Problemen im Team verantwortlich und fungiert zusätzlich als Vermittlerin zwischen Schulleitung und Lehrern, Eltern und Lehrern, Schülern und Lehrern oder bei allen anderen Schwierigkeiten, bei denen sich Mitglieder des Teams überfordert fühlen. Als zweiter Abteilungsleiter ist der Second of Department eingesetzt. Im Falle der Sprachen teilt sich diese Stelle in Head of German und Head of French, welche vorrangig für die Aufgaben innerhalb der eigenen zu unterrichtenden Fremdsprache zuständig sind.

Um klar in Departments unterteilt werden zu können, unterrichtet jeder englische Lehrer ausschließlich ein Fach. Es gibt wenige Ausnahmen. In diesen Fällen sind die Fächer (zum Beispiel Deutsch und Französisch) aus dem gleichen

Fachbereich (Moderne Fremdsprachen). Dass Lehrer nicht-verwandte Fächer (zum Beispiel Biologie und Sport) unterrichten, kommt meines Wissens nicht vor.

1.1.2 Tutor-Groups

Jeder Lehrer ist nicht nur Fachlehrer sondern gleichzeitig Tutor. Die betreute Tutor-Group setzt sich aus den unterschiedlichsten Schülern verschiedener Klassen und verschiedener Sets (Leistungsklassen) zusammen. In zwei Stunden pro Woche und in Sprechstunden soll sich der Tutor um das psychische Wohl seiner Schüler, um deren schulische und private Probleme, sowie um ihre Persönlichkeitsentwicklung kümmern. In speziellen Fragebögen wird hier vor allem der schulische Werdegang der Schüler ermittelt, evaluiert und später optimiert. Solche Fragen sind unter anderem:

1. Wie oft meldest Du Dich in einer Stunde und steuerst sinnvolle Beiträge zum Unterrichtsgeschehen bei?
2. Ist das das beste, was Du geben kannst?
3. Wie könntest Du Dein Unterrichtsverhalten verbessern?

1.1.3 Years

Zusätzlich zu den Departments hat die Schule eine Struktur, die sie in die einzelnen Years (Jahrgänge) unterteilt. Es gibt jeweils ein Year-Team, dass für die Jahrgänge 9, 10, 11, 12 und 13 verantwortlich ist. Den Vorsitz hat ein Mitglied der Lehrerschaft (Head of Year). Head of Year 9 z.B. wird von einem Team von Betreuern, Sekretärinnen und Lehrern unterstützt und ist für die Belange der Jahrgangsstufe 9 zuständig. Die Verbindung zu den Schülern besteht über die Tutoren und Fachlehrer. Ein Head of Year ist in der schulischen Hierarchie höherwertig als ein Head of Department.

1.1.4 Schulleitung

Den größten Einfluss auf das Geschehen in der Schule haben die Mitglieder der Schulleitung, die – auf höchster Ebene - ausschließlich administrative Aufgaben übernehmen. Sie führen die Schule wie ein Wirtschaftsunternehmen, haben einen eigenen Verwaltungstrakt und sind im Allgemeinen eher um die finanziellen Interessen der Schule und deren Ruf in der Öffentlichkeit als um die Zufriedenheit des einzelnen Lehrers oder Schülers bedacht. Häufig fühlten sich die Lehrer von ihre Vorgesetzten unverstanden und teilweise sogar vorgeführt.

1.2 Kommunikation in der Schule

Der Kontakt zwischen den einzelnen Abteilungen, die räumlich und inhaltlich weit auseinander liegen, wird durch zwei wöchentliche Gesamtmeetings, Emails und Schultelefone, sowie Assessment-Tage gewährleistet. Man ist sehr darum bemüht, eine ausgedehnte Informationspolitik zu etablieren. Allerdings führt gerade dies oft zu einer Schwemme von Ballast oder Unwichtigem, der von den einzelnen Lehrern häufig als störend empfunden wird. Es bleiben auch trotz der Vielzahl an Informationen Missverständnisse oder Gefühle des Übergangenwerdens.

1.2.1 Meetings

In den zwei Meetings, jeweils am Montag und Freitag in jeder Woche, treffen sich alle Lehrer und geben in erster Linie sehr kurze Berichte über Erwähnenswertes aus den Abteilungen. Diese Berichte bleiben grundsätzlich unkommentiert. Auch die einzelnen Abteilungen, die Tutorgruppen, die Year-Gruppen und die Departments veranstalten regelmäßige Treffen, in denen über den Zusammenhalt und die gemeinsame Arbeit, sowie über Probleme mit über- oder untergeordneten Abteilungen gesprochen wird.

1.2.2 Email und Telefon

Das Emailsystem des Colleges ist sehr ausgefeilt. Ein durchschnittlicher einfacher Lehrer (ohne Führungsposition) kann mit ca. 30 Emails am Tag rechnen. Diese Emails können folgende Inhalte haben:

1. Bitte geben Sie die notwendigen Beurteilungen für die Zwischenzeugnisse bis Donnerstag ab.
2. Ab sofort benötigen alle Lehrer einen gültigen Parkschein für den Schulparkplatz.
3. Information zur Schülerin B. M.: B. wurde vom Arzt als lernverzögert eingestuft. Sie hat ein ärztliches Attest darüber, dass es ihr leichter fällt, sich

zu konzentrieren, wenn sie auf zartrosanem Papier schreibt. Bitte berücksichtigen Sie das in Ihrem Unterricht und gewähren ihr das andersfarbige Papier.

4. T. R.s Eltern haben sich kürzlich getrennt. Seine Mutter macht sich große Sorgen um ihn. Bitte melden Sie alle Veränderungen und geben Sie sie an Ihr Head of Year weiter.

Es handelt sich also um schulorganisatorische, praktische und schülerbetreffende Informationen, die täglich in großer Menge versand werden. Oft enthalten die Emails, welche per Verteiler an alle Lehrer oder per Adresseingabe an einzelne Lehrer gesendet werden, im Kopf den Hinweis: „Sollten Sie nicht den Schüler XY unterrichten, lesen Sie bitte nicht weiter."

Die anonymen Emails führen des öfteren zu Unmutsäußerungen. Gerade wenn neue Regelungen per Email verkündet werden, ist das Anlass, sich innerhalb des Departments – weit entfernt vom Schreiber – der Mail, darüber lustig zu machen.

Auch die Schultelefone verbessern dies nicht wesentlich. In jedem Department steht ein Telefon. Ganz zu schweigen davon, dass die Apparate häufig nicht funktionsfähig sind, werden sie ausschließlich zum Übermitteln kurzer, berufsnotwendiger Informationen genutzt, meistens zum Kritisieren, um eine schnelle Veränderungen hervorzurufen. Zurück bleibt dabei oft der fahle Beigeschmack des Abgefertigtseins. Durch die Größe der Schule, die Vielzahl der Abteilungen und die Länge der Wege ist ein persönliches Gespräch zwischen eigentlichen Kollegen sehr selten.

1.2.3 Assessment-Days

Zwei Mal pro Trimester (das Schuljahr ist in Drittel-Jahre eingeteilt) treffen sich alle Lehrer zum Assessment-Day, bei dem Kommunikationsmethoden und Konfliktlösung trainiert werden. Unterricht wird gegenseitig besucht, bewertet und verbessert. Auch während des Schuljahres treffen sich einige Lehrer freiwillig, um sich gegenseitig bei Probeunterrichten zu filmen und zu evaluieren. Von einer Meta-Ebene den Unterricht der Kollegen und das eigene Lehren zu betrachten, hat von höchster Schulebene her einen hohen Stellenwert. Die Schulleitung besteht auf diese regelmäßigen Treffen, engagiert Trainer von außerhalb. Schüler haben an den Assessment-Tagen schulfrei. Ich habe den Eindruck gewonnen, dass die einzelnen Lehrer von den Anregungen der Assessment-Leiter abgeschreckt sind und sich lieber nicht „reinreden" lassen wollen.

1.3   Nicht-unterrichtende Departments

Zusätzlich zu den einzelnen Fachabteilungen beschäftigt die Schule auch Personal, welches keine Lehrausbildung hat. Dazu gehören das administrative Personal, wie Sekretärinnen der höhergestellten Lehrer und der Direktion, die allgemeine Schulverwaltung, Buchhalter und Bibliotheksangestellte. Es gibt ein eigenes Computer-Department, dass sich um alle anfallenden Computerprobleme kümmert, ein Hausmeister- und Putzteam, Kantinenpersonal, sowie den Learning Support (Lern-Unterstützer) für die Schüler mit Special Educational Needs.

Alle Lehrer, die „Bottom Sets" unterrichten, also lern- und konzentrationsschwache Schülergruppen, werden von Learning Support Teachers unterstützt. Dies sind unausgebildete Hilfslehrer (ehemalige Schüler, Mütter, Arbeitslose), die den jeweiligen Unterrichtsstunden beiwohnen und ausschließlich für die Einhaltung der Disziplin zuständig sind. Sie achten auf gerade sitzende Schuluniform, Ruhe und Arbeitsmoral. Außerdem sind sie dazu da, dass „immer jemand nach den Schülern sieht, falls der Lehrer mal mit dem Rücken zur Klasse steht".

2   Pädagogische Zielsetzung

In seiner Willkommensrede auf der Homepage der Schule preist der Schuldirektor die Schule als eine besondere Schule mit angenehmer Atmosphäre an, die sich bemüht, dem Individuum sowie der Gesellschaft gleichermaßen gerecht zu werden, so dass das Individuum sich optimal entfalten kann, um der Gesellschaft bestmöglich zu nutzen. Er betont die materielle Ausstattung der Schule sowie die „immer besser werdenden" Ergebnisse in den Untersuchungen der Offsted-Kommission

Als Herzstück des Erfolgs bezeichnet der Direktor das Angebot eines „inspirierenden Lehrplans", der durch eine „Bandbreite von Methoden" gelehrt wird, womit er die Verpflichtung gegenüber dem Fortschritt und den Leistungen der

Schüler erfüllt sieht. Der propagierte Wahlspruch (mission statement) lautet: Die Schule sei eine Lernumgebung „wo Menschen zählen, ihr Wachstum, ihre Leistung und ihr Erfolg".

Die Schule lege besonderen Wert auf

- ein umfassendes Kümmern „um jedes Individuum, alle Schüler und alle Angestellten."
- die individuellen Bedürfnisse, des Einzelnen, „geistig, körperlich, intellektuell und kulturell".
- die individuellen Stärken des Einzelnen. Sie wolle helfen, diese zu nutzen.
- das vernünftige Behandeln jeder Person mit Respekt. Dazu fühle sie sich als Teil der „Investors in People"-Intitative verpflichtet.
- die befreiende und Kraft gebende Wirkung der Lernerfahrung.

Die ausgeschriebenen Ziele seien

- den Glauben an den Wert des Individuums zu demonstrieren, so dass jeder Student seinen und den Wert anderer erkennt und respektiert.
- eine Unterrichtsangebot und eine Atmosphäre zu schaffen, die es Schülern ermöglicht, ihr akademisches, soziales und persönliches Potential zu erreichen.
- Schülern die Entwicklung ihres kreativen und darstellerischen Potentials zu ermöglichen, sowie geistiges Bewusstsein zu erwecken.
- vernünftige Standards von zivilisiertem Verhalten zu setzen und Selbstdisziplin zu üben, so dass Lernen und Lehren möglich werden.
- das College-Programm mit der Arbeitswelt, der Freizeitgestaltung, den Pflichten als Bürger und dem Verhalten in Beziehungen zu verbinden um somit die Schüler auf ihr Erwachsenenleben vorzubereiten.
- Bewusstsein zu wecken für örtliche, nationale und weltweite Gesellschaften und gegenseitige Verantwortung zu üben.
- Eine partnerschaftliche Arbeitsform zwischen Schule, Eltern und der Gemeinschaft zu fördern.

Als grundlegende Richtlinien für das Verhalten bezeichnet die Schule

- Respekt gegenüber dem Lernen: Sei pünktlich und vorbereitet.
- Respekt gegenüber Dir selbst: Sei positiv und tue Dein bestes.
- Respekt gegenüber anderen: Führe die Anweisungen aller Mitarbeiter aus und akzeptiere das Recht eines jeden auf Lernen.
- Respekt gegenüber der Schule: Sei stolz auf Deine Umgebung, das Schuleigentum und das Image der Schule.

3   Pädagogische Erfahrungen im Unterricht

Als Fremdsprachenassistentin wurde ich in vier verschiedenen Bereichen eingesetzt. Für die behandelten Themen und für die Gestaltung der Klassenräume forderte ich Materialien von Tourist-Informationen, dem Deutschen Fußball-Bund, Autofirmen, dem Jugendmagazin Bravo und der Bundeszentrale für Gesundheitliche Aufklärung an und recherchierte in Bibliotheken und dem Internet.

3.1 Abiturjahrgänge

In der Einzel- und Zweierunterrichtseinheit mit 6th-Form-Students, also Schülern der Jahrgangsstufen 12 und 13 war ich ausschließlich an den Lehrplan gebunden. Die 10 Schüler sah ich jeweils ein bis zwei Mal pro Cycle (14-tägiger Stundenplan), um in 30- bis 60-minütigen Einzelgesprächen ihr Deutsch zu schulen und ihnen die Themen der Oberstufe (Rauchen, Drogen, Familie, Freunde...) nahe zu bringen, sowie die Prüfungsthemen für die mündlichen A-Level-Examen (Hochschulreife) zu bearbeiten.

Für ihre Examen suchten sich die Schüler die Themen „München", „Boris Becker", „The Sound of Music", „Der Rhein", „Klonen", „Das Deutsche Schulsystem", „Hamburg" und „Die Gründe, warum Frauen rauchen" aus.

Neben dem Anfordern von Arbeitsmaterial gab ich den Schülern vor allem methodische Hilfestellung, regte zum Schreiben von Briefen an oder stellte Kontakte zu deutschen Fachleuten her. Es war für die Prüfungen besonders wichtig, freies Sprechen zu üben, Wochenpläne für die Gesamtarbeit zu erstellen und die Arbeitsweise immer wieder zu optimieren.

3.2 Kleingruppenarbeit

In Gruppen von 2 bis 8 Schülern, die aus den Klassen der Jahrgänge 9 bis 11 herausgelöst wurden, gestaltete ich ca. viertelstündige Unterrichtsausflüge sehr nahe am laufenden Unterricht der Klasse. Diese Schüler sind unterschiedlich motiviert. Das hängt auch mit dem Set zusammen, in dem sie sich befinden. Die Schülergruppen sind in verschiedene Fähigkeitsstufen von Bottom Set (am wenigsten begabte) bis Top Set (meistbegabte) eingeteilt.

Diese Gruppen boten sich zum Diskutieren der vorgegebenen Themen an, aber auch zum gegenseitigen Verbessern und Motivieren. Es war mir wichtig, dass die Schüler sich gegenseitig zuhörten und Fragen stellten. Ziel der Gruppenarbeit war es auch, Lese-, Betonungs-, Antwort- und Fragefertigkeiten zu schulen, was wir in Form von Spielen versuchten. Vor dem Erreichen des GCSE nach der 11. Klasse nahm ich mit den Schülern Prüfungskassetten mit Proben ihres Deutschs auf, die sie zuvor in schriftlicher Form in so genannter Course Work (50 bis 75 Wörter) oder mündlich als Talk über Familie, Freunde, Haustiere oder Umweltschutz (4 bis 5 Sätze) vorbereitet hatten.

3.3 Unterrichtsassistenz

Als Unterstützung im Unterricht mit der ganzen Klasse sprach und las ich vor, ging von Schüler zu Schüler, korrigierte, half und motivierte, erklärte Spiele und moderierte. In einigen Fällen besprachen Lehrer mit mir vorher die Inhalte ihres Unterrichts und baten mich, mich auf diese oder jene Weise vorzubereiten; wir stellten dann gemeinsam Dialoge vor oder ich erzählte von Bräuchen und Lebensweisen in Deutschland. Meistens wurde ich aber unvorbereitet gebeten, Teile der Stundengestaltung zu übernehmen.

3.4 Hilfskraft

Hier und da sind auch im Department Dinge wie Kopieren, Internetrecherche und ähnliches für andere Lehrer zu erledigen.

Insgesamt muss jede einzelne Unterrichtsstunde geplant und überlegt werden. Das Internet ist eine gute Quelle, auch die Tipps von anderen Fremdsprachenassistenten und vom British Council sind sehr nützlich. Es bietet sich an, sich rege auszutauschen. Durch diesen Austausch lernt man im Laufe des Assistentenjahres eine große Anzahl potentieller Quellen für Unterrichtsmaterialien kennen und kann beginnen, einen Steinbruch von Spielen, Texten und Ideen anzulegen. Das Sprachniveau ist sehr niedrig, der Unterricht basiert auf Wiederholungen. Gerade als Fremdsprachenassistent muss man darauf gefasst sein, sehr häufig das Gleiche erklären zu müssen.

Die Bereitschaft, eine fremde Sprache zu lernen, besonders Deutsch, ist unter den Schülern nicht sehr hoch. Sehr oft wird man gefragt, warum man denn Deutsch lernen solle. Daher finde ich es besonders wichtig, den Schülern viele lebendige Dinge über Deutschland zu erzählen, anstatt streng Vokabeln abzufragen. Am besten genau die Dinge, die man selbst besonders gern mag, denn tatsächlich denken viele Schüler: „Deutschland ist ein schreckliches Land in dem nur furchtbare Menschen leben."

4   Pädagogische Erfahrungen außerhalb des Unterrichts

Eben diese Aussage hörte ich während der Arbeit an einem Fremdsprachenassistentenwettbewerb der in diesem Jahr stattfand. Dieser Wettbewerb, ausgeschrieben vom British Council, ermutigte, mit den Schülern einen bildgestützten Beitrag zum Thema „Description of Our Language Assistant" anzufertigen. Mit einer Gruppe von fünf Schülerinnen arbeiteten wir also zwei Wochenlang sehr intensiv an diesem Projekt. Diese Arbeit war das Beste, was ich in der Fremdsprachenassistenz gemacht habe.

Die Arbeit mit den Schülern außerhalb des Unterrichts, in der sie Deutsch nicht als Pflicht sondern als interessantes Thema zum „drüber plaudern" kennen gelernt haben, hat in der Einstellung der Schüler mehr bewirkt als die Dinge, die ich ein halbes Jahr lang im Unterricht mit ihnen besprochen habe. Das Projekt hat Teamgeist, Ideen und Kreativität gefördert, eine Begeisterung für Deutschland hervorgerufen und mich den Kindern als menschliche Person dargestellt. Mir selbst hat dieses Projekt viel mehr Spaß gemacht als alles andere zuvor, auch wenn es mehr Engagement und mehr Arbeit verlangt hat. Ich wünschte, ich hätte meine Assistentenzeit mehr genutzt, den Schülern auf persönliche Art von Deutschland zu erzählen. Hätte ich noch einmal an diese Schule zu gehen, würde ich eine AG gründen und begeisternswerte Einheiten über Deutschlands Märchen, Geschichte, Musik und Popkultur auf meinen Stundenplan schreiben.

5 Betreuung durch Fachlehrer

Die Einstellung, die die Lehrer den Fremdsprachenassistenten entgegenbringen ist sehr unterschiedlich. Ein Teil vertritt die Auffassung, ein Fremdsprachenassistent stelle eine große Erleichterung dar und bereichere den Unterricht ungemein. Dies führt dazu, dass der Fremdsprachenassistent als Belohnung für sehr engagierte Schüler eingesetzt wird. „Wer zuerst fertig ist und keine Fehler hat *darf* mit Mareike rausgehen."

Andere Lehrer fühlen sich durch den Fremdsprachenassistenten als Muttersprachler in ihrer Autorität und Fachkompetenz bedroht und bemühen sich, den Fremdsprachenassistenten möglichst nicht in ihrer Klasse zu haben.

Die dritte Gruppe nutzt den Fremdsprachenassistenten zur Unterstützung der schwachen Schüler, die allerdings häufig ablehnend reagieren, da sie sich zum Arbeiten gezwungen und durch eine weitere Person im Klassenraum (neben Lehrer und Learning Support) beobachtet fühlen. Dazwischen gibt es Abstufungen.

6 Fortbildungsmöglichkeiten

Sehr empfehlenswert sind die Tageskurse, die vom British Council und vom Goethe Institut angeboten werden. Sie bieten eine Möglichkeit etwas anderes als die Schule zu sehen, andere Assistenten kennen zu lernen und sich weiter zu bilden. Vor allem gute Tipps für den Schulalltag kann man hier bekommen. Für jemanden, der interessiert ist, als Lehrer in England zu bleiben ist ein CILT-Course empfehlenswert, bei dem die Wege ins Lehren in England erklärt werden. Diese Kurse sind oft Rekrutierungskurse, denn man sucht händeringend nach Fremdsprachenlehrern. Der Lehrberuf ist nämlich ohnehin ein unbeliebter Beruf in Großbritannien. Fremdsprachenassistenten, die bleiben, sind gern gesehen. Mit dem Cambridge-Certificate kann man eine angesehene Bestätigung der Sprachkenntnisse erwerben. Ich besuchte Kurse der oben genannten Organisation zu Themen wie Motivation, Didaktik und Stundenaufbau, Konfliktmanagement, Prüfungsordnungen für GCSE und A-Levels (vergleichbar mit Hauptschulabschluss oder Mittlerer Reife und Abitur), Unterrichts-Rhetorik, Power

Point Präsentationen, Team-Arbeit, zum Einsatz von Medien im Unterricht, zur Vermittlung deutscher Kultur im Ausland und speziell zur Arbeit mit A-Level-Schülern.

7 Disziplin

Die Disziplinierung der Schüler stellt eine der Säulen der Arbeit der Schule dar. Wie an nahezu allen englischen Schulen tragen die Schüler auch in dieser Schule Schuluniformen, die zu einem kontrollierteren Umgang beitragen sollen. Zum Einhalten der Klassenregeln hält sich die Schule an das Assertive Discipline System (das System der ausdrücklichen Disziplin), welches bei Regelüberschreitungen zum Tragen kommt.

7.1 Schuluniform

Die Schüler tragen schwarze Hosen, schwarze Schuhe und blaue Pullover mit Schulwappen, dazu ein weißes Hemd und Krawatten in den Schulfarben. Der Nutzen sei laut Ms G. (Second of Modern Languages Department und Head of German)

1. dass die Schüler darin disziplinierter seien, da es ihnen in Uniform klar sei, dass sie "im Dienst" sind.
2. dass die Eltern keine teure Kleidung kaufen müssen und
3. dass die Polizei besser erkennen kann, zu welcher Schule der jeweilige Verbrecher gehört, sodass damit die Ermittlungen leichter fallen.

Tatsächlich regten die Schuluniformen meiner Meinung nach eher zum Austesten der Grenzen von Disziplinierung an und schufen neue Konfliktpotentiale. Die Möglichkeit die Krawatte nicht, offen, locker, mit tief sitzendem Knoten oder streng geschlossen zu tragen, wurde von den Schülern und Lehrern als ständiges Machtspiel genutzt. Laut Schulordnung ist nur die hochgeschlossen geknotete Krawatte erlaubt. Für die Schüler war es Triumph, die Krawatte so locker wie möglich zu tragen, ohne dass sie dafür diszipliniert wurden. Da die Lehrer unterschiedlich streng mit dieser Regelung verfuhren, stellte dies eine ideale

Angriffsfläche und Grundlage für nicht-endende Autoritäts- und Solidaritätskonflikte dar.

Dass es grundsätzlich verboten ist, während der Stunde eine Jacke über dem Schulpullover zu tragen, war in den Augen der Schüler besonders im Winter nicht einzusehen. Viele Lehrer hielten aber streng an den Vorschriften fest, wohl auch aus Angst von Vorgesetzten aus der Schulleitung beim Gewähren von Regelübertritten erwischt und selbst zur Rechenschaft gezogen zu werden.

Uniformveränderungen in Grauzonen wie Löcher in Kleidung, Sportschuhe, pastellfarbene Hemden, auffälliges Make-up und Frisur wurden immer wieder und unermüdlich als Prüfung der Auslegung der Regeln betrachtet, mit dem Ziel der Schüler festzustellen, „wie weit man gehen kann". An schuluniformfreien Tagen, die ein Mal pro Trimester stattfanden, wurden die unglaublichsten Kostümierungen getragen; an normalen Unterricht war nicht zu denken.

7.2   System of Assertive Discipline (Ausdrückliche Disziplin)

Um die Schüler, die sich nicht an Uniform oder Umgangsform halten wollten oder konnten, die den Gehorsam verweigerten, zu bändigen, gibt es das Assertive Discipline System. Offiziell wird dies so begründet: „Es ist offensichtlich, dass diese kleine Minderheit [störender Schüler] davon abgehalten werden muss, das Lernen anderer zu beeinflussen, weshalb mit ihnen streng verfahren wird." Weit wichtiger als die Bestrafung sei hierbei die Kooperation von Eltern und Lehrern, die zum regen Austausch aufgerufen werden.

Die Erwartungen an den Schüler sind Höflichkeit, Freundlichkeit und Mitarbeit, da Lernen und Lehren wechselseitig und partnerschaftlich verstanden werden sollen. Eine Schulstunde beginnt laut Festlegung so:

- Die Schulklassen betreten „in ordentlicher Weise" die Klassenräume, die Schüler stehen hinter ihrem Tisch solange die Anwesenheit überprüft wird.
- Die Schüler legen dann ihre Unterrichtsmaterialien und ihre Schulplaner auf den Tisch.
- Die Lehrer erklären den Inhalt der Stunde und geben Hausaufgaben.
- Sobald die Stunde begonnen hat, werden „positive Klassenraum-Management-Techniken" angewendet wie Lob, Benotung und die

Vergabe von Credits (Punkte nach einem Bonussystem, das „lernbereiten, kooperativen" Schülern als Gutschein dient, der am Ende im Schul-Geschäft und in einem Supermarkt gegen Waren getauscht werden kann).

Die Homepage legt fest: Unterrichtsstunden an der Schule sind „sehr gut organisiert und geführt. Die Stunden sind interessant und fantasievoll und die Mehrheit der Schüler genießt den Unterricht und ist mit ihren Studien verbunden." Daher sieht es die Schule als gerechtfertigt jede Störung des oben beschriebenen Stundenablaufs mit den folgenden Disziplinierungen zu bestrafen:

Stufe 1:	Verbal warning, mündliche Verwarnung
Stufe 2:	Second verbal warning, zweite mündliche Verwarnung
Stufe 3:	Ausschluss vom Unterricht: zehn Minuten auf den Flur
Stufe 4:	Detention: Nachsitzen in der Mittagspause
Stufe 5:	Isolation: Ausschluss für einen Schultag vom Unterricht, abzuleisten im Isolationszimmer der Schule, in dem sich alle Schüler, die Regeln gebrochen haben und ein Aufsicht führender Lehrer versammeln.

Ein Level 1 kann es zum Beispiel für einen heruntergefallenen Bleistift geben. Die auf die mündliche Verwarnung folgende Bemerkung: „Das war ich nicht!" führt in den meisten Fällen unweigerlich zu Level 2. Jeder weitere Versuch, sich zu verteidigen, über die Bestrafung zu sprechen oder um Gerechtigkeit zu bitten, bedingt das nächste Level. So ist es nicht ungewöhnlich, dass vor jeder Klassentür in einem Gang ein Schüler steht. Um diese Außenstehenden besser beobachten zu können, gibt es in den Holztüren Sichtfenster, die wiederum zum Grimassenschneiden den innen sitzenden Schulkameraden gegenüber verleiten, was ein Level 4 nach sich zieht.

8 Persönliches Fazit

Meine Zeit als Fremdsprachenassistentin hat mich meiner Meinung nach professioneller und auslandssicherer gemacht. Mein Englisch hat sich sehr verbessert und ich habe viel über Pädagogik nachdenken und ausprobieren können. Ich bin in der Zeit in England durch viele verschiedene pädagogische Phasen gegangen, war im Wechsel autoritär, helfend, strafend, verständnisvoll, inkonsequent, hilflos, geduldig und enttäuscht. Die Fremdsprachenassistenz ist eine einmalige Erfahrung von Lehrern zu lernen, sich abzugrenzen und die eigene Lehrerpersönlichkeit zu definieren. Sie ist ideal um herauszufinden, ob das Lehrersein ein Beruf ist, der zur eigenen Persönlichkeit passt, auch wenn sich vom englischen nicht auf das deutsche Schulsystem rückschließen lässt.

Sollte sie vom Lehrersein wegführen, zeigt sie viele Möglichkeiten auf, was man stattdessen tun kann. Man bekommt z.b. die Möglichkeit die Deutsche Botschaft und das Goethe Institut kennen zu lernen. Häufig kann man zu Schulungen nach London fahren, Kontakte zu (Schulbuch-)Verlagen, Universitäten und Bibliotheken herstellen. Dort kann man interessanten Menschen begegnen und mit jeder solchen Person öffnet sich der eigene Horizont ein Stückchen mehr. Fremdsprachenassistent/in sein ist eine Herausforderung an Geduld und Leistungsbereitschaft. Mir ist mehr als vorher klar, was ich an Deutschland schätze, was meine nationale und private Identität ist. Mein persönliches Verhältnis zu Menschen, die sich in einem Land außerhalb ihres Heimatlandes aufhalten hat sich verändert, da ich ihre Situation jetzt mehr nachvollziehen kann. Ich weiß Gastfreundlichkeit mehr denn je zu schätzen und vermute, dass ich selbst auch gastfreundlicher bin, als ich es vorher war. Die Erfahrung, vollkommen allein zu sein, ist prägend.

Retrospektiv betrachtet, meine ich beurteilen zu können, welches Verhalten, das ich gesehen habe, im Umgang mit Schülern fruchtbar und welches hinderlich ist. Ich habe mir vorgenommen in der Zukunft schülerzentrierter zu arbeiten. Ich möchte die Schüler kennen und mich bis zu einem gewissen Grad in sie hineinversetzen können und ich möchte erreichen, dass auch sie mich als Menschen und nicht nur als Lehrer, auf keinen Fall aber als Gegenspieler verstehen. Meine Idealvorstellung ist es, dass Schüler und Lehrer sich als Team verstehen mit dem gemeinsamen Ziel des Wissensaustauschs.